DES PATRIOTES, DES LIBÉRAUX

ET

DES DOCTRINAIRES.

IMPRIMERIE DE GUIRAUDET,

RUE SAINT-HONORÉ, N. 315.

DES PATRIOTES, DES LIBÉRAUX

ET

DES DOCTRINAIRES,

Pour servir à l'Histoire de la Révolution
de Juillet.

PAR J. N. POUBELLE,

ANCIEN SECRÉTAIRE PARTICULIER DE M. DUPONT (DE L'EURE),
MINISTRE DE LA JUSTICE

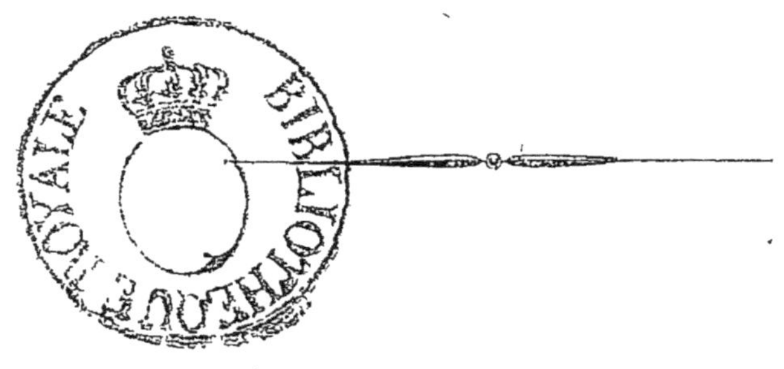

PARIS,

CHEZ LES LIBRAIRES DU PALAIS-ROYAL.

—

1832.

DES PATRIOTES, DES LIBÉRAUX

ET

DES DOCTRINAIRES.

CHAPITRE Ier.

—

DES PATRIOTES.

Manuel déclarait à la tribune nationale que la France avait revu les Bourbons avec répugnance ; il aurait pu dire (si la situation l'eût permis) avec dégoût, avec horreur.

A l'aspect de cette famille flétrie par de criminels antécédents, de cette famille ramenée par les armées victorieuses de l'étranger, les patriotes prirent la résolution de ne jamais pactiser avec elle, et de faire au contraire tous leurs efforts pour en purger le sol sacré du pays. Après une lutte de quinze ans, le succès a couronné leur glorieuse entreprise.

Il ne faudrait cependant pas croire que la lutte dont nous parlons ait été soutenue par l'opposition tout entière ; quelques uns de ses membres en ont seuls, au contraire, partagé les périls et la gloire.

Cette opposition, qui se composait de patriotes, de libéraux et de doctrinaires, était loin d'être unanime.

Les patriotes étaient représentés à la chambre des députés par le général Lafayette, Dupont (de l'Eure), Manuel, Corcelles, Jacques Kœchlin, d'Argenson, le général Tarayre, Beauséjour, Audry de Puiraveau, Louis de Saint-Aignan, etc. Ces courageux députés furent les auteurs ou complices de presque tous les complots tramés contre les Bourbons depuis leur retour jusqu'à leur dernière chute.

En dehors de la chambre, mais de concert avec les députés que nous venons de nommer, marchaient au même but des écrivains, des militaires, des avocats, et une foule d'autres citoyens, parmi lesquels on distinguait l'infortuné général Berton ; le colonel Caron, victime comme lui de son courageux dévouement ; le colonel Fabvier ; Cauchois-Lemaire, rédacteur du *Constitutionnel* ; le colonel Brice, le général Bachelu, le colonel Pailhès, le général Sémélé, le général Dermoncourt ; Châtelain, rédacteur du *Courrier français* ; le général Pajol ; Chevallier et Reynaud, rédacteurs de la *Bibliothèque historique* ; le colonel Planzeaux, le colonel Sausset ; le poëte Béranger, qui à lui seul valait presque une armée ; Cabet, avocat, Odilon-Barrot, avocat, Isambert, avocat ; le colonel Baillon. Nous ajouterons à cette liste MM. Mérilhou, Bérenger (de la Drôme), de Schonen, Barthe et Madier de Montjau, qui depuis.....

La première entreprise sérieuse des patriotes contre la dynastie des Bourbons fut la conspiration du 19 août 1820.

Cette conspiration avait de vastes et profondes ramifications ; les légions de la Meurthe, du Nord, du Bas-Rhin et des Côtes-du-Nord ; les 2e et 5e régiments de la garde royale, en garnison à Paris ou dans les environs ; la jeunesse des écoles, des citoyens de toutes les classes de la société, fournissaient à cette patriotique entreprise des auxiliaires aussi nombreux que dévoués. Le mouvement de Paris devait être secondé à Cambray par la légion de la Seine ; dans l'Est, par les députés d'Argenson et Kœchlin, par le colonel Caron et par les généraux d'Hermoncourt et Sémélé ; à Lyon, par le colonel Pailhès, envoyé de Paris pour s'entendre avec les patriotes lyonnais ; à Vitry, par le colonel Sausset et ses amis, et dans beaucoup d'autres villes de France par des hommes moins connus, mais aussi courageux et aussi dévoués. Les moyens d'action étaient immenses; les patriotes avaient des intelligences avec presque tous les régiments de l'armée; les gardes-du-corps eux-mêmes fournissaient leur contingent à la conspiration. Cependant, malgré toutes ces ressources, l'entreprise échoua complétement, par des causes qu'il est inutile de rappeler ici. Nous dirons seulement que le trône des Bourbons n'a jamais été menacé jusqu'aux journées de juillet d'un aussi grand péril.

Cet échec ne découragea pas les patriotes; ils redoublèrent au contraire de zèle et d'activité; ils reconnurent qu'une organisation était nécessaire pour réunir et coordonner les moyens d'action jusque alors disséminés : la charbonnerie fut créée. Son but était de mettre les Français à même de se former librement, et dans des assemblées primaires, un gouvernement national.

Elle eut pour chefs suprêmes le général Lafayette, Georges Lafayette, d'Argenson, Dupont (de l'Eure), Manuel, Corcelles et Jacques Kœklin, députés. Des jeunes gens peu connus, mais remplis de patriotisme et d'énergie, l'avaient fondée et continuaient à la diriger sous le patronage et avec l'influence de ces illustres patriotes.

Cette association s'étendit bientôt à toutes les contrées de la France; la charbonnerie fit de rapides progrès; elle pénétra dans l'armée, dans la magistrature, dans l'administration; tout ce qui portait un cœur dévoué au pays s'empressa de s'y faire affilier.

Les patriotes étaient si fatigués du joug honteux qui pesait sur la France qu'il leur tardait de faire une nouvelle tentative contre les Bourbons.

Les chefs de la charbonnerie reçurent à la fin de l'année 1821 plusieurs propositions de ce genre de la part des régiments et des populations; on hésitait à les accepter dans une saison aussi rigoureuse, et par conséquent aussi peu favorable au développement d'une insurréction populaire; mais les auteurs de ces propositions étaient si pressants, que le général Lafayette, auquel ils s'adressèrent plus particulièrement, ne crut pas pouvoir résister plus longtemps à leurs désirs. En conséquence un nouveau projet d'insurrection, au nom de la liberté, contre la tyrannie, fut adopté par les chefs de la charbonnerie.

La ville et la garnison de Belfort furent choisies pour donner le signal de notre délivrance à toute la France. d'Argenson et Jacques Kœchklin se rendirent sur les lieux pour se concerter avec les patriotes ; leur présence en Alsace n'avait rien d'extraordinaire, puisqu'ils étaient députés de cette contrée. Le régiment qui occupait Belfort et Newbrissac avait demandé pour chef le colonel Pailhès, récemment échappé aux dangers de la conspiration du 19 août : il partit en conséquence pour Belfort. Cette ville devint le rendez-vous d'un grand nombre de patriotes énergiques et décidés. Quinze jours se passèrent en dispositions préliminaires ; tout était prêt quand les conjurés demandèrent la présence du général Lafayette. Il fallut écrire à Paris. Les chefs de la charbonnerie furent consultés sur cette demande. Y répondre favorablement, c'était non seulement compromettre la vie de l'illustre général, mais encore prendre une terrible responsabilité : car, en cas d'échec, toutes les ressources du parti pouvaient se trouver compromises. Les opinions furent partagées. Pendant ce temps les patriotes réunis à Belfort couraient les plus grands dangers; la police pouvait pénétrer leurs projets et faire main-basse sur tout ce qu'il lui paraîtrait suspect. Déjà des bruits d'insurrection en Alsace se répandaient à la bourse, Comme il était impossible de prolonger plus longtemps cet état d'incertitude, le général Lafayette prit un parti décisif, en déclarant qu'il se rendrait à Belfort. Il se mit en route le 29 décembre 1821, pour partager le danger de ses amis, combattre et vaincre ou mourir avec eux ; mais, de leur côté, les patriotes réunis à Belfort, frappés du danger d'attendre plus long-temps, avaient choisi pour commencer leur attaque la nuit du 5 1 décembre au 1er janvier; soit que le général Lafayette restât à Paris, soit qu'il se rendît au milieu d'eux.

Le général Lafayette n'était point resté à Paris; mais l'époque de son départ, quelque diligence qu'il fît, ne lui permettait pas d'arriver assez tôt pour présider et prendre part au mouvement projeté: aussi il était à quatre lieues de Belfort quand il apprit que la conspiration, par une de ces fatalités que personne ne saurait prévoir, venait d'être découverte; ce qui le força, à son grand regret, à reprendre la route de Paris, où il arriva sans accident.

Des mouvemens préparés de longue main dans un grand nombre d'autres villes de France devaient répondre au signal parti de Belfort; les autres députés chefs de la charbonnerie et un grand nombre d'agents secondaires n'attendaient que ce signal pour se mettre à la tête de ces mouvements, ou les provoquer.

L'affaire de Belfort ayant échoué, il fallut renoncer à l'exécution de ces vastes projets : les Bourbons échappèrent donc encore une fois au danger qui les menaçait.

La charbonnerie n'en continua pas moins sa périlleuse mission; elle renouvela avec autant de courage qu'auparavant ses attaques contre un gouvernement détesté. A l'appui de cette assertion nous citerons la conspiration de La Rochelle, dans laquelle figuraient Bories et ses compagnons, qui se défendirent avec tant de noblesse, et marchèrent à la mort avec tant de courage;

La conspiration de Saumur, que dirigeait le général Berton, le seul homme qui ait eu la gloire, avant les journées de juillet, de relever le drapeau tricolore;

Les conspirations du Midi, à l'époque de la guerre d'Espagne, et une multitude d'autres entreprises non moins sérieuses, quoique peu connues ou tout-à-fait ignorées du public.

Tous ces efforts, qui attestent l'héroïque persévérance

des patriotes, ne produisirent cependant aucun résultat : l'heure des Bourbons n'était pas encore arrivée.

Leur gouvernement, enivré de ses succès à l'intérieur contre ce qu'il appelait les factions, et à l'extérieur contre les gouvernements libres, marcha alors sans détour et sans feinte à l'accomplissement de ses projets contre-révolutionnaires.

Les patriotes, affaiblis par les emprisonnements, les proscriptions et les supplices, reconnurent la nécessité d'attendre des temps plus heureux pour recommencer le combat. Mais, en déposant les armes, ils conservèrent l'espérance de faire payer cher aux Bourbons leur triomphe momentané. Les journées de juillet sont venues prouver qu'ils avaient eu raison.

CHAPITRE II.

—

DES LIBÉRAUX.

Les libéraux avaient pour chefs, dans la chambre des députés, le général Foy, Laffitte, Benjamin-Constant, Stanislas Girardin, le général Gérard, Grammont et Bignon. Ces messieurs savaient que les patriotes conspiraient, sans pour cela conspirer avec eux; on aurait pu tout au plus les accuser de non-révélation, mais jamais de complicité. Ils faisaient de l'opposition contre les ministres, en s'inclinant devant la majesté royale; ils croyaient à la possibilité d'améliorer, de modifier le gouvernement des Bourbons, et non à la nécessité de le renverser; ils n'auraient éprouvé aucune répugnance à devenir les ministres de la légitimité. Ne sait-on pas que le général Foy, dans ses élans d'éloquence, s'écriait à la tribune nationale, aux applaudissements de ses amis : Quiconque veut moins que la Charte, ou plus que la Charte, ou autre chose que la Charte, n'est pas Français ; langage tout-à-fait en rapport avec sa conduite envers le député du Calvados, Corday, qu'il ménagea dans un duel et dans les explications qui en furent la suite, pour ne pas rompre sans retour avec les royalistes. Les libéraux ne manquaient jamais de présenter dans leurs discours le roi avec la Charte, et la Charte avec le roi, comme bases indestructibles du bonheur de la France. Cependant les Bourbons, auxquels ils ne rougissaient pas de prodiguer ainsi des louanges non méritées, n'y faisaient aucune attention et n'en marchaient pas avec moins de persévérance à la contre-révolution. Les libéraux s'en apercevaient bien, mais rien ne pouvait les faire renoncer à l'emploi des moyens parlementaires et légaux.

Quand ils s'irritaient contre le gouvernement, tout ce qu'ils faisaient de plus fort, c'était d'aller chez le duc d'Orléans ou de le recevoir chez eux, non pour conspirer, ils n'en eurent jamais la pensée; ils disaient seulement au prince : « La branche aînée n'écoute pas nos conseils; elle « pourrait bien s'en repentir un jour, et préparer, par son « obstination, l'avénement au trône de votre altesse royale. — Que dites-vous là, messieurs? c'est impossible! — « Hélas! répondaient-ils, nous sommes forcés de recon- « naître que c'est bien difficile; mais nous n'en déclarons « pas moins que ce serait un grand bonheur! » Et puis tous de faire des suppositions, des projets, des combinaisons, des plans de toute nature, auxquels ils renonçaient l'instant d'après, en disant, avec une expression de tristesse et de regret : « Ce sont des illusions, des chimères « qui ne doivent pas nous occuper sérieusement. » « Que pourrais-je faire pour un ami si dévoué (disait un « jour le prince à M. Laffite, à la suite d'une conversation « de cette nature), si votre roman, car ce n'est qu'un ro- « man, devenait une réalité? — Je ne demanderais au « prince devenu roi qu'une place qui ne serait sans doute « pas très recherchée : ce serait celle de fou du roi, parce « qu'elle me permettrait de dire en tout temps la vérité au « monarque. » M. Laffitte a été plus que le fou, il a été le premier ministre du roi; nous verrons comment il s'est acquitté de cette fonction.

En résumé les libéraux dépensaient toutes leurs ressources en discours de tribune, dans lesquels ils n'invoquaient la liberté qu'avec une timide circonspection. N'osant adresser directement leurs hommages à cette fière déesse, ils la transformèrent en petites divinités, qu'ils appelaient les libertés, et qui convenaient à la faiblesse de leur caractère; mais ce culte bâtard et sans dignité était plutôt fait pour amortir que pour exciter l'énergie des masses populaires. De là l'impuissance des libéraux.

CHAPITRE III.

—

DES DOCTRINAIRES.

Nous entendons par doctrinaires, non seulement les hommes qui font de la politique de pédant, mais encore tous ceux qui n'ont pas assez de fermeté pour être constants dans leurs principes t leurs affections; assez de conscience et de probité pour préférer l'honneur à l'argent et aux placcs, et assez de courage pour exposer leur vie en accomplissant leurs devoirs.

Les chefs de ce parti sont M. Royer-Collard, cet ancien agent secret des Bourbons, qu'il servait en trahissant la république et l'empire, dont il avait accepté des fonctions. Que penser d'un tel homme, jadis à genoux devant la légitimité, aujourd'hui désertant ses autels ? Est-il perfide envers la branche cadette, ou bien apostat envers son ancienne idole ?

Decazes, cet ancien favori de Louis XVIII, cet *inventeur* du double vote et de la bascule politique, l'auteur du système immoral de corruption parlementaire, qui le fit, avec raison, surnommer le *moderne Walpoole;* le ministre sous l'administration duquel une conspiration ourdie par des agents de police a fait monter sur l'échafaud, comme parricides, les infortunés Plegnier, Tolleron et Carbonneau ; le ministre qui a fait immoler sans pitié les victimes de perfides machinations, à Lyon et à Grenoble. De quelle horreur ne doit-on pas être saisi au souvenir de cette sanglante exécution quand on pense que Donnadieu *lui-même,* ayant eu pitié de quelques uns des condamnés, ne reçut pour toute réponse à une demande en commutation de peine que ces mots barbares transmis par le télégraphe, au nom du ministre de la police : *Faites tuer sur-le-champ*. Hé bien , malgré ces funèbres antécédents, on parle depuis long-temps d'élever cet homme au poste de président du conseil des ministres ! Vouloir, après la révolution de juillet , confier la direction des affaires publiques a des mains teintes du sang des patriotes ! quel inconcevable délire !

Guizot, le secrétaire de l'abbé Montesquiou en 1814, le légitimiste dévoué qui suivit son maître à Gand , et qui ne revint avec lui qu'en marchant sur les cadavres de nos concitoyens immolés aux champs de Waterloo ; le secrétaire général du ministère de la justice en 1815, au temps où l'on égorgeait ses coréligionnaires dans le midi, au nom de la légitimité triomphante ; l'homme qui a exercé les fonctions dégradantes de censeur ; l'inventeur du double vote avec M. Decazes, son patron (1) ; le ministre qui, voulant singer le désintéressement de M. Dupont de l'Eure, déclarait publiquement qu'il renonçait aux 25,000 francs de frais de premier établissement, et qui , en secret, les prenait sur les fonds de la police.

L'abbé Louis, cette pâle épreuve de Talleyrand, son patron, qui prit part avec lui à la conspiration des trois abbés, pour aider, en 1814, à replacer, par trahison, la France sous le joug des Bourbons, qu'il a depuis abandonnés en faveur de Louis-Philippe, ayant servi avec le même

----

(1) MM. Decazes et Guizot croient donner le change à l'opinion publique en répondant qu'ils n'étaient plus au pouvoir quand la loi du double vote fut adoptée. Nous le savons bien : aussi n'est-ce pas de la loi votée par la chambre des députés en juin 1820 que nous voulons parler , mais bien du projet présenté à cette chambre par M. Decazes le 16 février précédent, projet qui tomba honteusement avec son auteur, chassé du ministère par les ultra , malgré sa docilité à seconder leurs projets contre-révolutionnaires. C'est donc avec raison que MM. Decazes et Guizot sont qualifié d'inventeurs du double vote.

empressement tous les gouvernements qui ont voulu mettre sa bonne volonté à l'épreuve.

Vatimesnil, l'inventeur de cette doctrine servile qui tendait à établir qu'attaquer les ministres, c'était attaquer le roi ; jadis le rival et l'émule des Marchangy, des Bellart et des Peyronnet, quand il poursuivait les patriotes et demandait leurs têtes devant la cour d'assises et la cour des pairs.

Mathieu Dumas, ce partisan de l'hérédité, qui s'est laissé nommer pair pour abolir ce privilége.

Etienne, cet ancien directeur du bureau de l'esprit public, sous l'empire ; qui fit pendant quelque temps oublier ce honteux antécédent par son gazouillement libéral dans *la Minerve* et *le Constitutionnel*, mais qui est bientôt revenu à ses anciennes habitudes d'esclavage et de soumission. (1)

Villemain, qui joua sous la restauration le rôle qu'Étienne avait joué sous l'empire, et qui, comme lui, après quelques faibles efforts en faveur de la liberté, a repris les chaînes qu'il avait un instant quittées.

Sébastiani, aristocrate, rempli d'orgueil et de préjugés, qui, dans je ne sais quelle discussion à la Chambre, ne trouvait rien de plus heureux pour la France que la fusion et l'alliance des deux noblesses, tandis que là raison publique s'apprêtait à faire justice de ces vaines et puériles distinctions.

---

(1) M. Etienne prétendra peut-être qu'il n'est pas doctrinaire.

Mais l'homme qui a dit dans *le Constitutionnel*, à l'occasion des journées de juin,

« Que les républicains avaient jeté un enfant de 3 ans par les fenêtres, attendu qu'il les impatientait par ses cris plaintifs au moment du combat,

« Et qu'un républicain avait poignardé sa maîtresse parce qu'elle ne pensait pas comme lui en matière politique ; »

L'homme, dis-je, qui a propagé ces belles choses, et beaucoup d'autres de même force, ressemble terriblement à un doctrinaire.

Dupin, homme sans principes et sans convictions politiques, aimant le pouvoir et l'argent, plaidant avec une égale chaleur les bonnes et les mauvaises causes ; toujours prêt à s'humilier devant ceux qui gouvernent, comme il le prouva à l'époque où il voulut devenir député. Ecoutons son langage. Il écrivait à un aide-de-camp du duc d'Angoulême, le 27 mai 1827... :

« Vous savez quels sont mes sentiments personnels pour
« nos princes, combien je suis convaincu que c'est avec la
« dynastie des Bourbons que les libertés publiques doi-
« vent s'affermir parmi nous. J'ai donc la confiance que les
« hommes droits rendront justice à mon caractère et à mon
« cœur, et que particulièrement monseigneur le dauphin
« verra sans déplaisir l'élection du député de Mamers. »

Peut-on abaisser ainsi devant un pantin royal la dignité d'un représentant de la nation ! Pourquoi cette basse flatterie ? elle était sans nécessité comme sans excuse. Mais il est des gens qui marchent au-devant de la honte avec autant d'ardeur que d'autres en mettent à s'élancer dans le sentier de l'honneur et de la gloire. Une telle conduite ne doit pas nous surprendre, si nous songeons que M. Dupin, à l'époque des ordonnances, eut la faiblesse de déclarer qu'il n'était plus député, pour se soustraire à un danger que son mandat lui imposait le devoir de braver (1).

---

(1) On dira peut-être que M. Dupin n'est pas doctrinaire, parce qu'il n'a pas voulu entrer avec ces messieurs au ministère. Nous ignorons pour quels motifs M. Dupin s'est tenu à l'écart ; mais nous savons, et personne sans doute n'a oublié, que M. Dupin a fait maintenir la magistrature de Charles X ; qu'il s'est constamment opposé à toutes les améliorations réclamées par les députés patriotes, contre lesquels il n'a cessé de voter. Nous ajouterons que, non content d'avoir déserté son poste à la Cour de cassation lors du mémorable arrêt de cette Cour sur l'état de siége, il avait substitué à un avocat-général indépendant et patriote un magistrat plus complaisant, qui devait parler et parla en effet en faveur de l'état de siége. Si ce n'est pas là un doctrinaire, cela y ressemble beaucoup.

Nous terminerons cette nomenclature par le nom de M. Casimir Périer, le chef du ministère du 13 mars.

Cet ancien député de l'extrême gauche tenait souvent le langage d'un tribun farouche ; mais il n'avait ni le désintéressement, ni le courage qu'exige un semblable rôle, pour lequel, d'ailleurs, il ne se sentait aucune vocation ; il voulait seulement par là masquer son ambition ministérielle. Après s'être écrié à la chambre : « Si nous ne sommes que six dans cette enceinte, nous sommes 30 millions au dehors, » on le voyait paraître aux Tuileries avec l'humilité d'un flatteur et d'un esclave. Quoiqu'il n'ait jamais pris la moindre part, même indirecte, aux entreprises dirigées contre les Bourbons, et qu'il ait, au contraire, repoussé avec effroi les propositions de ceux qui les avaient conçues, il parlait souvent comme s'il eût été leur complice. « Voulez-vous nos têtes, disait-il un jour, en répondant à M. de Villèle, faites dresser vos échafauds ! faites approcher vos licteurs ! » M. Périer savait bien qu'il ne courait aucun danger, et qu'en parlant ainsi il ne montrait aucun courage ; mais il était bien aise de se faire passer pour un homme héroïque aux yeux du public, à l'aide de cette ridicule fanfaronnade.

Manuel, Lafayette, Dupont de l'Eure et leurs amis, ne faisaient pas tant de fracas : ils n'offraient pas leurs têtes, à la tribune, à M. de Villèle ; ils se contentaient tout simplement de l'exposer dans des entreprises auxquelles M. Casimir Périer n'a jamais pris part, ni de près, ni de loin. Au surplus, on se rappelle encore le silence calculé qu'il garda dans les dernières années du règne de Charles X ; son empressement à se rendre aux fêtes de ce roi, ou bien à se trouver sur son passage pour lui offrir, en sujet fidèle et dévoué, le tribut de son amour et de son respect. Il oubliait alors, tant il était ravi, qu'il devait paraître malade ; il ne craignait pas de compromettre sa santé en figurant, comme un jeune homme, dans les quadrilles destinés à distraire le monarque des soins et des soucis du gouvernement. Tant de prévenances devaient procurer une distinction à notre ancien député de l'opposition devenu courtisan : il reçut la croix d'honneur. C'était peu de chose en apparence, mais la main auguste qui l'offrait en rehaussait singulièrement le prix à ses yeux; il en a été si reconnaissant depuis, qu'il s'est obstinément refusé à signer la déchéance du roi parjure, prononcée par ses collègues du gouvernement provisoire, qui voulaient lui faire l'honneur de l'associer à cet acte de patriotisme révolutionnaire.

Les doctrinaires faisaient donc de l'opposition par calcul et non par conviction : leur but était d'arriver au pouvoir, et non de conquérir la liberté qu'ils n'ont jamais aimée.

Ils doivent regretter la légitimité, car elle seule pouvait transformer leurs turpitudes en utiles services, tandis qu'ils n'ont à attendre d'un gouvernement national qu'une justice sévère ou un généreux oubli.

Telles étaient les trois fractions de l'ancienne opposition de gauche avant les ordonnances de juillet.

CHAPITRE IV.

—

DE LA RÉVOLUTION DE JUILLET, ET DE LA CONDUITE
DES TROIS FRACTIONS DE L'ANCIENNE OPPOSITION
DE GAUCHE.

Quand les ordonnances de juillet parurent, ces trois
fractions obéirent à leurs antécédens.

Les patriotes coururent aux armes, les libéraux hésitè-
rent, et les doctrinaires se mirent à trembler de tous leurs
membres.

Cependant quelques députés patriotes, libéraux et doctrinaires, se réunissaient pour délibérer sur la situation des
affaires dans ces momens de crise et de dangers. Il ne ré-
sulta de leurs délibérations qu'une pâle protestation, dans
laquelle MM. Guizot et Villemain, ses rédacteurs, ne rougissaient pas de parler *des devoirs des députés envers le
roi;* de n'accuser que les conseillers de la couronne, en
disant *qu'ils trahissaient les intentions du monarque,*
comme si le monarque avait eu de bonnes intentions ; ils
allèrent même jusqu'à compromettre les députés au point
de leur faire renouveler le serment d'inviolable fidélité à
Charles X au moment même où celui-ci ordonnait la dé-
vastation de Paris et le massacre de ses habitans.

Quelque faible que fût cette protestation, les députés
patriotes présents aux délibérations voulaient qu'elle fût

signée ; mais ils ne purent vaincre l'opposition de leurs collègues, plus prudens qu'eux et dès-lors prédestinés à faire partie du juste-milieu. Ce fût en vain que M. Bérard présenta la plume à M. Casimir Périer pour l'engager à signer la protestation ; celui-ci fit trois pas en arrière et répondit avec effroi : « Vous voulez donc faire tomber ma tête ? — Non, monsieur ; mais dans tous les cas j'expose la mienne avec la vôtre. » M. Casimir Périer n'en persista pas moins dans son refus, malgré cet encouragement.

Au surplus, la protestation n'était pas encore publique que le trône de Charles X était déjà renversé.

Quand la légitimité fut tout-à-fait vaincue, les libéraux et les doctrinaires s'entendirent pour offrir la couronne au duc d'Orléans. Pendant ce temps, le général Lafayette, seul représentant légitime de la révolution de juillet, siégeait à l'Hôtel-de-Ville ; à côté de lui siégeait également un gouvernement provisoire, nommé par les députés présens à Paris, auquel par prudence ils avaient donné le nom de commission municipale, comme pour ne rien préjuger.

Quoi qu'il en soit, le général Lafayette et la commission municipale devaient gouverner Paris et la France jusqu'au moment où les représentans de la nation, légalement convoqués, auraient déterminé la nature et la forme du nouveau gouvernement. Malheureusement il n'en fut pas ainsi. Le général Lafayette et la commission municipale laissèrent passer la soirée du jeudi 29 juillet et la nuit qui la suivit sans faire aucun usage de la puissance révolutionnaire dont ils étaient investis ; ils n'adressèrent pas un seul mot à la France le vendredi matin 30 juillet, pour l'appeler à l'exercice de la souveraineté que le peuple de Paris venait de reconquérir pour elle avec tant de courage.

Cet inconcevable silence, dans ces graves circonstances, causa autant d'affliction que de surprise aux patriotes qui avaient renversé le roi parjure. Inquiets sur les suites de cette inaction, ils se réunirent chez Lointier, à l'effet d'aviser aux mesures à prendre dans l'intérêt du peuple. Aucune résolution n'était encore arrêtée. M. Laréguy se pré-senta pour donner son avis. Il déclara sans détour que l'avènement du duc d'Orléans lui paraissait inévitable ; qu'en révolution il fallait marcher promptement ; que cette opinion était partagée par une autre réunion à laquelle il venait d'assister, et qu'il pensait que tous les patriotes devaient s'y rallier. L'assemblée n'était pas de l'avis de M. Laréguy. Deux de ses membres seulement, MM. Dubief et Galle, prirent la parole pour l'appuyer. Le premier s'écria qu'on voulait établir la république, mais qu'il s'y opposait ; le second dit que nous avions la charte, et qu'il était inutile de s'occuper d'une nouvelle constitution. Il fut unanimement répondu à ces trois messieurs que le droit de déterminer la forme et la nature du gouvernement futur de la France, et d'en désigner le chef, n'appartenait qu'au peuple, légalement représenté.

En conséquence, une députation choisie par l'assemblée, et composée de MM. Charles Teste, Guinard, Félix Lepelletier, Poubelle, Cavaignac, Cauchois Lemaire, Fortoul, Delormel, Trélat, Hubert, Chevalier, Lamy et Taschereau, se rendit le vendredi 3o juillet, vers deux heures, à l'Hotel-de-Ville et présenta au général Lafayette et au gouvernement provisoire une adresse dans laquelle ils disaient : « Le peuple, hier, a reconquis ses droits sacrés au prix de son sang ; le plus précieux de ses droits est de choisir librement son gouvernement. Il faut empêcher qu'aucune proclamation ne soit faite, qui déjà désigne un chef, lors même que la forme du gouvernement ne peut être déterminée.

« Il existe une représentation provisoire de la nation ; qu'elle reste en permanence jusqu'à ce que le vœu de la majorité des Français soit connu. Dans toutes les circonstances ce vœu a été consulté : ne faisons pas aujourd'hui un pas rétrograde dans la caraière que quarante ans de sacrifices et de gloire nous ont ouverte, et que les immortelles journées des 27, 28 et 29 juillet ont immensément agrandie. Que la représentation s'occupe donc tout de suite des moyens de consulter ce vœu ; toute autre mesure serait intempestive et coupable.

« Le 5 juillet 1815, la chambre des représentans , sous le feu des étrangers, en présence des baïonnettes ennemies, a proclamé les principes conservateurs des droits des citoyens et a protesté contre tout acte qui imposerait à la France un gouvernement et des institutions qui ne sympathiseraient pas avec ses vœux et ses intérêts ; ce sont ces principes qu'il faut adopter aujourd'hui ; qu'ils nous servent de point de ralliement. La chambre de 1815 les a légués à un avenir qui nous appartient maintenant. Recueillons cet héritage , et sachons le faire tourner au profit des peuples et de la liberté. »

A ce langage patriotique , le général Lafayette répondit par la promesse formelle de défendre et faire respecter la souveraineté de la nation, qui venait d'être si glorieusement reconquise. Pendant ce temps, le colonel Carbonnel introduisit un envoyé de Charles X , qui s'annonça comme porteur de communications de la plus haute importance. C'était M. Colin de Sussy , pair de France, et maintenant colonel de la 11ᵉ légion. Il remit au général Lafayette , en présence de la députation des patriotes, un paquet cacheté. Le général rompit le cachet en disant : Il n'y a pas d'indiscrétion , je suis là avec de bons amis ; nous parlions de nos affaires : les communications dont il s'agit les intéressent comme moi. Lisons.

Charles X déclarait :

1.º Que les ordonnances du 25 juillet étaient rapportées ;

2º Que le ministère était changé ; que M. de Mortemart était nommé ministre des affaires étrangères et président du conseil, M. Casimir Périer , ministre des finances, et le général Gérard, ministre de la guerre.

M. Colin de Sussy ajouta que M. de Mortemart désirait avoir un entretien avec M. Lafayette ; il osa même inviter celui-ci à se transporter à la chambre des pairs où M. de Mortemart l'attendait.

Le général Lafayette répondit avec son sang-froid ordinaire : Vous venez un peu tard ; il ne serait plus au pouvoir de Charles X de maintenir les fameuses ordonnances : il pouvait se dispenser de les annuler. Nous les avons rapportées nous-mêmes dans les trois journées, de manière à lui épargner cette peine.

Quant au nouveau ministère, je n'ai rien à démêler avec lui. Je connais M. de Mortemart ; nous sommes même parents. C'est un homme estimable ; mais il est *un peu plus royaliste que moi.* Nous ne pourrions pas nous entendre. Le peuple m'a chargé de défendre Paris contre ses ennemis. Si nous sommes attaqués, j'espère prouver que j'étais digne de cette marque de confiance. Voilà mon rôle : je n'en connais pas d'autre. — Vous avez raison, général, s'écrièrent les membres de la députation ; nous vous seconderons. Charles X a cessé de régner.

La députation des patriotes et M. Colin de Sussy se rendirent ensuite près de la commission du gouvernement, en même temps que M. le général Mouton (comte de Lobau), l'un des membres de cette commission. Dans le trajet, il survint un incident de peu d'importance. M. le général Mouton, qui marchait en avant de la députation, se retourna, d'un air affable et gracieux, et dit, croyant parler à M. Colin de Sussy : « Vous venez de la part du « roi, Monsieur ? » Mais il se trompait, il parlait à un membre de la députation des patriotes, qui lui répondit d'un ton sévère, et en élevant la voix : « Je ne viens pas de « la part des rois : je viens de la part du peuple. » M. le général Mouton ne répliqua rien, et continua sa marche.

M. Colin de Sussy et la députation des patriotes furent simultanément introduits auprès de la commission du gouvernement. Le président de la députation donna lecture de l'adresse, à laquelle un des membres de la commission répondit d'une manière satisfaisante ; le tout en présence de M. Colin de Sussy.

Une conversation familière s'engagea entre les membres

de la commission du gouvernement et la députation des patriotes. Ceux-ci exprimèrent énergiquement leur haine contre les Bourbons et contre leur fatale domination. Vingt mille citoyens, au moins, réunis sur la place de l'Hôtel-de-ville, témoignaient par leurs cris qu'ils sympathisaient avec la députation parlant en leur nom. Ce langage et ces démonstrations patriotiques firent une impression si profonde sur M. Colin de Sussy qu'il se mit à pleurer.

Le nom du duc d'Orléans ayant été prononcé dans la conversation, M. Colin de Sussy s'empressa de déclarer, en sanglottant, « qu'il ne fallait pas compter sur ce prince, « parce qu'il n'accepterait aucune proposition sans en avoir « obtenu l'autorisation de Charles X (1). »

« Qu'importe, au surplus, s'écrièrent les citoyens com- « posant la députation des patriotes ! La France ne périra « pas faute d'un homme. »

On voit que M. Colin de Sussy était tout dévoué à la dynastie des Bourbons. On pouvait dire alors qu'il faisait son devoir, et le combattre sans le blâmer ; mais, que dire depuis qu'on l'a vu briguer la confiance du gouvernement de Louis-Philippe ? Ce qu'il y a de plus surprenant, c'est que, par un esprit de vertige bien déplorable, ce gouvernement n'ait pas hésité à la lui accorder.

Outre M. Colin de Sussy, on voyait les d'Argout et les Semonville chercher, mais vainement, grâce à l'énergie de MM. Lafayette et Audry de Puyraveau, à replacer sur la tête de Charles X la couronne que le peuple venait de lui arracher.

D'un autre côté, les députés libéraux et doctrinaires s'empressèrent d'offrir cette couronne au duc d'Orléans, sans garanties, sans conditions. Mettant ainsi les destinées du pays à la discrétion d'un homme qui n'avait rien fait

---

(1) Le samedi 31, de grand matin, le duc d'Orléans déclare au ministre du roi (M. de Mortemart) qu'il a été amené de force à Paris, et qu'il mourra plutôt que de se laisser poser la couronne sur la tête.

Extrait de l'ouvrage de M. Mazas.

pour mériter tant de confiance. Ce n'est pas tout, pour comble d'abaissement, ils humilièrent notre glorieuse révolution au point de demander au prince la permission d'arborer le drapeau tricolore, qui, teint du sang des patriotes, flottait triomphant sur les murs de Paris depuis plusieurs jours.

Le général Lafayette et le gouvernement provisoire étaient débordés. Les 221 sortaient de leur retraite pour étouffer la liberté naissante. Le duc d'Orléans fit son entrée à Paris le 30 juillet, en qualité de lieutenant-général, précédé d'une proclamation terminée par ces mots : *désormais la Charte sera une vérité.*

Le château du Palais-Royal fut le rendez-vous des libéraux, des doctrinaires et des intrigans, toujours disposés à flatter le pouvoir qui s'élève.

L'Hôtel-de-Ville, au contraire, renfermait les patriotes, réunis autour du général Lafayette et du gouvernement provisoire. Deux pouvoirs se trouvaient ainsi en présence, et menaçaient de devenir rivaux ; mais le duc d'Orléans, suivi des 221, se rendit à l'Hôtel-de-Ville auprès du général Lafayette, qui, un peu surpris de cette brusque visite, s'écria : « Mais je suis républicain. — Et moi aussi, « répondit le prince. — Nous aurons donc une monarchie « entourée d'institutions républicaines ? — Certainement, « car c'est bien comme cela que je l'entends.—Soit.» Après ce court dialogue, les deux interlocuteurs se donnent affectueusement la main, et s'avançant vers la fenêtre s'embrassent à la vue du peuple réuni sur la place de l'Hôtel-de-Ville, et qui applaudit à la consécration révolutionnaire que Lafayette vient de donner au nouveau roi. C'est ainsi que fut escamotée la souveraineté nationale.

Serrer la main de ce prince, lui donner l'accolade fraternelle, échanger quelques mots attestants la sympathie de l'un et de l'autre pour les institutions républicaines, certes ce n'était pas mal ; mais il y avait quelque chose de mieux à faire. Malheureusement la trop grande confiance du général Lafayette lui fit négliger cette précaution, c'était de rédiger et faire signer au roi futur les bases d'une nouvelle constitution, et de réserver à la nation le droit de la compléter et de la rendre définitive. Peut-être n'aurait-on pas osé démentir la signature, comme on a démenti les paroles. Les lâches qui se cachaient au moment du combat ne viendraient pas dire aujourd'hui, avec une insultante ironie : « Que signifie le programme de l'Hôtel-de-Ville? Où est ce programme? L'avez-vous vu? Pourriez-vous nous le montrer? Nous ne le connaissons pas. » Et d'autres gentillesses, qui doivent faire faire au général Lafayette, et aux membres patriotes du gouvernement provisoire, de bien amères réflexions.

Mais les patriotes, qui avaient déjà réclamé en faveur de la nation son inaliénable et imprescriptible souveraineté, ne se découragèrent pas, et se rendirent le dimanche 1er août à l'Hôtel-de-Ville, auprès du général Lafayette et du gouvernement provisoire, auxquels ils demandèrent qu'une constitution, destinée à garantir les droits et les intérêts nationaux, fût librement discutée et votée par les représentants de la nation.

A cette communication, M. Lafayette et M. Odilon-Barrot, qui parla au nom du gouvernement provisoire, répondirent « que tous les principes énoncés dans l'adresse « étaient les leurs, et que, ni M. Lafayette, ni les mem-« bres de la commission municipale, ne se démettraient « du pouvoir à eux conféré spontanément par le peuple, « que d'abord les intérêts, les droits de la nation, ne fus-« sent consacrés par une constitution librement délibérée, « votée, et en harmonie avec tous ses vœux. » Tous les membres de la commission municipale étaient présents, même M. Casimir Périer, qui, il faut le dire, faisait une assez triste figure en entendant ce langage patriotique.

Ces mots, *la Charte sera désormais une vérité,* que contenait la proclamation du lieutenant-général, devaient être considérés comme non avenus, parce que la nation, qui s'était affranchie du joug des Bourbons, ne pouvait retomber sous l'empire dégradant du droit divin, ni sous l'autorité d'une pairie et d'une magistrature contre-révolutionnaire.

Les 221 savaient bien que ces observations étaient parfaitement fondées; mais ils n'en étaient pas pour cela plus disposés à les accueillir. Ils ne parlaient que d'insignifiantes modifications à faire à la Charte de 1814, et repoussaient de toutes leurs forces la convocation d'une assemblée nationale, parce qu'ils voulaient en jouer le rôle en constituant le nouveau gouvernement.

Ces prétentions exorbitantes révoltèrent les patriotes, et leur firent prendre la résolution violente d'employer les armes, qu'ils n'avaient pas encore déposées, à expulser les 221 de l'enceinte législative, comme usurpateurs de la souveraineté du peuple. Les dispositions préliminaires étaient arrêtées: le signal allait être donné; cinq ou six mille hommes se disposaient à marcher sur la chambre des députés, quand le général Lafayette, trop confiant dans de vaines paroles, arrêta ce mouvement, en persuadant à ceux qui le dirigeaient que les voies amiables seraient suffisantes pour obtenir les garanties que la nation avait le droit d'exiger. Un délai de vingt-quatre heures, demandé par le général Lafayette, fut accordé par les patriotes. Cependant quelques jeunes gens, soit qu'ils fussent plus ardents que les autres, soit qu'ils n'eussent pas été prévenus du contre-ordre, ne s'en rendirent pas moins à la chambre des députés, où les doctrinaires les virent arriver avec terreur! Il fallait voir ces hommes, devenus si arrogans depuis, réclamer avec une attitude suppliante l'influence des députés populaires. Benjamin-Constant, Labbey de Pompières et le général Lafayette, se transportèrent auprès de ces jeunes gens, et parvinrent à les calmer par leurs exhortations et par des promesses de garanties. Mais le lendemain le danger n'était plus le même : les patriotes étaient dispersés ; le pouvoir naissant avait acquis quelque force. Les 221 reprirent courage. Ils se mirent à bâcler, suivant l'expression de M. Cormenin, leurs modifications à la Charte de 1814, qui furent adoptées le 8 août.

De cette manière, la pairie, la magistrature et tous les éléments constitutifs du gouvernement détruit furent maintenus, malgré les énergiques protestations des patriotes, qui le 8 août au matin firent une dernière tentative auprès de la chambre des députés, en lui adressant une pétition ainsi conçue : « Messieurs, la nation s'est affranchie de ses ennemis pour jouir de ses droits. Après ses généreux sacrifices et les preuves de raison qu'elle a données dans son éclatante victoire, elle ne peut reconnaître comme pouvoir constituant ni une chambre élective, nommée durant l'existence et sous l'influence de la royauté qu'elle a renversée, ni une chambre aristocratique dont l'existence est en opposition directe avec les sentiments et les principes qui lui ont mis les armes à la main.

« N'accordant comme nécessité révolutionnaire qu'un pouvoir de fait et très provisoire à la chambre des députés actuelle, pour aviser sur-le-champ à toute mesure d'urgence, elle appelle de tous ses vœux l'élection, libre et populaire, d'autres mandataires qui représentent réellement les besoins du peuple.

« S'il en était autrement, la nation frapperait de nullité tout ce qui tendrait à la gêner dans l'exercice de ses droits, conquis et scellés de son sang, elle protesterait de toutes ses forces contre cet attentat.

« En conséquence, elle engage les députés actuels à ne pas perdre de vue ni les sacrifices faits pour leurs résultats mérités, ni les conséquences possibles de toute usurpation de leur part sur la plus légitime de toutes les conquêtes. »

On remarque parmi les signatures apposées en assez grand nombre au bas de cette pétition, MM. Hubert, président de la *Société des amis du peuple*, Trélat, Delaunay, Flasters, Delormel, P. Grand, A. Dumont, Ach.

Roche, Laprée Thierry, Monteix, Poubelle et Mianné de Saint-Firmin (1).

Voilà la dernière tentative faite par les patriotes auprès des 221 pour obtenir la convocation d'une assemblée nationale; elle ne fut pas plus heureuse que les autres.: les 221 ne voulurent rien entendre. Le nouveau roi fut proclamé par la chambre des députés, et prit possession du trône le 9 août.

Son ministère fut ainsi composé :

Dupont (de l'Eure), à la justice (2); ..

Guizot, à l'intérieur;

Louis, aux finances;

Molé, aux affaires etrangères;

Sébastiani, à la marine;

De Broglie, à l'instruction publique;

Gérard, à la guerre.

Furent nommés membres du conseil, mais sans portefeuille, Dupin, Bignon, Laffitte et Casimir Périer.

Parmi tous ces ministres à portefeuille et sans portefeuille il n'y avait qu'un patriote, Dupont (de l'Eure), et trois libéraux, Laffite, Gérard et Bignon; tous les autres étaient doctrinaires.

Laffitte, quoique moins avancé que Dupont (de l'Eure) sur beaucoup de questions, était cependant parfaitement d'accord avec lui au sujet des doctrinaires, pour lesquels ils avaient l'un et l'autre une violente antipathie.

Ainsi, dans le conseil, Dupont (de l'Eure) s'appuyait sur Laffitte, mais fort peu sur Gérard et Bignon, et, en dehors du conseil, sur Lafayette, commandant les gardes nationales, et sur Odilon-Barrot, préfet de la Seine.

Un ministère, composé en partie de doctrinaires, ne

______

(1) Voir *la Tribune* des 31 juillet, 1er et 8 août 1830.

Tel était alors l'égarement ou le vertige des organes de l'opinion publique, que ces documents importants ne furent accueillis que par cette feuille.

(2) Ce n'est qu'à force d'instances qu'on pût le décider à accepter ; sa conscience de patriote lui disait que ce n'était pas là sa place.

pouvait produire que de bien tristes résultats. Son premier acte fut la nomination de Talleyrand à l'ambassade de Londres ; nomination qui fit pousser à la nation un long cri de surprise et d'indignation.

Cet homme, qui a successivement trahi tous les gouvernements qu'il a servis, eut l'audace de se présenter chez le général Lafayette, un jour de réception, pour prendre congé.

A son aspect, la foule réunie dans les salons eut beaucoup de peine à comprimer l'expression du mépris que lui faisait éprouver la présence de cet étrange visiteur.

Ce misérable début des doctrinaires ne fit qu'augmenter encore la répugnance que Dupont (de l'Eure) avait déjà pour eux.

D'autres causes de division ne tardèrent pas à se manifester. Les patriotes demandaient une loi d'élection et la dissolution de la chambre du double vote. Dupont (de l'Eure) appuyait avec énergie cette demande dans le conseil ; mais les 221, quoiqu'ils n'eussent pas fait la révolution de juillet, n'en avaient pas moins le désir de l'exploiter, et ne voulaient, en aucune manière, entendre parler de dissolution. Comme ils avaient la majorité dans le conseil et dans la chambre, ils espéraient bien qu'une telle mesure ne serait pas adoptée. Guizot, ministre de l'intérieur, partageait et secondait leurs vues de tout son pouvoir, en retardant, sous mille prétextes, la présentation de la loi. Au lieu de s'en occuper, il ne parlait que des émeutes, des excès de la presse, et des prétendus dangers que faisait courir au gouvernement la *Société des amis du peuple*. Rien n'était plus insignifiant et plus nul que les délibérations du conseil, qui se réunissait deux fois par jour pour perdre un temps précieux à débiter de vaines paroles.

Cependant un danger véritablement sérieux préoccupait les doctrinaires : c'était le procès des ex-ministres qui allait bientôt être jugé. Ils voulaient à tout prix sauver la tête de ces grands coupables. En cela, ils obéissaient plutôt à la crainte qu'à un véritable sentiment de philantropie. Ils voulaient éviter de mécontenter les rois et l'aristocratie.

Le peuple, qui s'embarrassait fort peu de savoir ce que pensaient les aristocrates et les rois de tous les pays, demanda vengeance, ou plutôt justice, quand il s'aperçut que le gouvernement, au lieu de poursuivre ceux qui l'avaient fait mitrailler, cherchait à les soustraire au supplice qu'ils avaient mérité. Il témoigna son mécontentement par des rassemblements tumultueux et menaçants, que la popularité de Lafayette, de Dupont (de l'Eure) et d'Odilon-Barrot eut bien de la peine à dissiper.

Dupont (de l'Eure), sachant qu'on ne tenait à le conserver que pour le faire servir de manteau aux mesures rétrogrades et contre-révolutionnaires de la majorité de ses collègues, voulait absolument se retirer ; mais ses amis politiques, qu'il consulta, lui imposèrent à l'unanimité de rester au poste qu'il occupait, jusqu'à ce que le procès des ministres fût jugé. Sans cela, lui disaient-ils, vous aurez l'air de reculer devant les dangers que ce procès doit faire naître. Il se résigna donc à subir ce nouveau sacrifice.

Le calme momentané rétabli au-dehors fit renaître avec plus de violence que jamais la division dans le conseil. Les doctrinaires, redoutant l'union de Lafayette, de Dupont (de l'Eure) et d'Odilon-Barrot, conçurent la pensée de chasser ce dernier de la préfecture de la Seine. La faction des pédants était surtout très animée contre lui ; la majorité du ministère l'aurait volontiers sacrifié, mais à la proposition que faisait Guizot de destituer Odilon-Barrot, Dupont (de l'Eure) répondait par l'offre positive et sérieuse de sa démission. Les doctrinaires l'auraient acceptée si leur courage eût égalé leur ambition ; mais il n'y avait pas moyen d'y songer dans ces temps de crises et de dangers, où le peuple irrité faisait entendre si souvent sa redoutable voix. Il fallut donc céder, et remettre à des temps plus favorables la satisfaction de frapper le préfet de la Seine. Nous dirons peut-être un jour quels honteux moyens, quelles basses intrigues et quels perfides mensonges, furent employés pour l'accomplissement de ce projet, conçu par les doctrinaires, adopté par la majorité du ministère, secondé très puissamment par le roi, et que la fermeté d'un seul homme fit honteusement avorter.

Le ressentiment des doctrinaires n'en devint que plus profond contre Dupont (de l'Eure,) qui de son côté, ne négligeait aucune occasion de leur prouver le peu de cas qu'il faisait de leur caractère et de leurs principes. Un tel état de choses rendait toute délibération du conseil impossible. La nécessité de le modifier fut reconnue par tout le monde. — Le roi, qui aimait les doctrinaires, fut obligé, non sans d'amers regrets, de se séparer d'eux. Guizot, de Broglie et Molé, ministres à portefeuilles; Dupin, Bignon et Périer, ministres sans portefeuilles, quittèrent le conseil.

Mais le nouveau ministère n'était pas facile à constituer. Dupont (de l'Eure), dégoûté de la marche des affaires, déclarait qu'il ne voyait aucun moyen efficace de remédier au mal. S'il restait, c'était malgré lui, et par les motifs dont nous avons parlé plus haut. Un tel homme ne pouvait ni ne voulait devenir le chef du conseil.

Laffitte fut chargé de ce rôle difficile, pour lequel il n'était pas fait non plus. Honnête homme, loyal et désintéressé, mais d'une extrême faiblesse, il était prédestiné à être dupe et victime des intrigues de cour au milieu desquelles il allait se trouver placé.

Cependant il se mit à l'œuvre. Les doctrinaires n'étaient plus là, mais leur pernicieuse influence subsistait dans toute sa force; s'ils avaient été obligés de se retirer, ils espéraient trouver le moyen de se donner des successeurs animés de leurs sentiments. Laffitte n'était pas un ennemi bien redoutable pour eux; le roi, qui partageait leurs idées, avait d'ailleurs une grande influence sur lui: tout leur faisait espérer, avec raison, que le ministère nouveau serait un ministère bâtard, sans force et sans durée; ils ne e trompaient pas : Laffitte, par sa facilité, par sa faiblesse, dépassa toutes les espérances. Dupont (de l'Eure) voulait faire arriver au conseil des hommes consciencieux, patriotes et dévoués à la révolution de juillet; Lafayette secondait ses efforts, mais inutilement; d'ailleurs il n'était ni ne voulait être ministre. Laffitte accepta avec une désespérante facilité les hommes que le roi désigna; il fallut garder Sébastiani, qui passa de la marine aux affaires étrangères. Quoique aristocrate, si les patriotes avaient eu la majorité dans le conseil, au lieu de les combattre, il les aurait appuyés; mais ce n'était pas un homme à lutter contre les volontés du roi, il était bien plutôt disposé à s'y conformer; il avait même la singulière habitude de commencer et terminer tous ses discours par ces mots, qu'il prononçait avec un accent italien assez comique : « Le roi, messieurs, *a raisonne,* parfaitement *raisonne.*

Le ministère de la guerre continua pendant quelque temps à être occupé par Gérard, qui ne se distinguait pas non plus par une grande fermeté de caractère et de principes. C'était aussi un homme très disposé à obéir docilement aux volontés du roi, bien plutôt qu'à les combattre. Général courageux et capable, Gérard était bien placé sur un champ de bataille, mais fort mal dans un conseil de ministres. Il craignait bien davantage les réflexions, les critiques et les épigrammes des journalistes que les balles et les boulets de l'ennemi; il était tellement irritable sous ce rapport, que ses amis avaient toutes les peines du monde à l'empêcher d'envoyer des cartels aux écrivains dont il croyait avoir à se plaindre.

Le choix du ministre de l'intérieur était d'une grande importance. Dupont (de l'Eure) et Lafayette proposaient Odilon-Barrot, mais Laffitte ne les soutenait pas. Gérard et Sébastiani repoussaient cette proposition. Gérard menaçait même de se retirer si l'on insistait. Il fallut y renoncer.

On parla de Montalivet : il n'avait pas de consistance politique ; sa capacité était médiocre, mais il était jeune. Dupont (de l'Eure) se résigna à l'accepter, espérant qu'il suppléerait à l'expérience et au talent qui lui manquaient par la vigueur et l'énergie de ses principes et de ses opinions. La cour, qui l'avait étudié, savait bien qu'elle trouverait en lui un auxiliaire plutôt disposé à seconder qu'à combattre ses prétentions. La cour avait raison.

Un homme sur le compte duquel il ne pouvait exister aucune incertitude se présentait pour le ministère de la marine : c'était d'Argout, cet ancien négociateur de Charles X. Dupont (de l'Eure) n'hésita pas à le repousser de toutes ses forces ; mais Laffitte, avec son inconcevable faiblesse, et pour plaire au roi, qui le voulait, ne fit non seulement aucune difficulté pour l'admettre, mais encore employa toute son influence pour vaincre l'opposition de Dupont (de l'Eure), qui protesta jusqu'au dernier moment contre l'entrée au conseil d'un pareil homme. Restait à pourvoir le ministère de l'instruction publique : Dupont (de l'Eure) proposa et fit nommer à ce poste Mérilhou, qu'une ardeur immodérée de devenir ministre tourmentait depuis quelque temps. Dupont (de l'Eure) croyait que Mérilhou serait dans le conseil un auxiliaire dévoué à la liberté, tandis qu'il ne fit qu'augmenter le nombre des ambitieux vulgaires et sans principes qui s'y trouvaient déjà.

Laffitte, président du conseil, prit possession du ministère des finances. Le conseil, à peine complété fut obligé de trouver un successeur à Gérard, qui, soit dégoût, soit faiblesse de santé, donna sa démission. Depuis la révolution de juillet, le maréchal Soult avait inutilement tenté d'entrer au ministère. Cet homme, qui joint à une grande finesse une ambition plus grande encore, recherchait soigneusement l'occasion de communiquer ses idées et ses vues politiques à ceux qu'il supposait influents ou en crédit.

Il avait soin d'approuver, et non de combattre leurs penchants; il disait à Dupont (de l'Eure), par exemple : « Tout le mal vient de la faute que l'on a faite de conserver la chambre des pairs et la chambre des députés; on aurait dû les renouveler entièrement. » A d'autres il tenait un langage différent; à tous il parlait de son zèle et des moyens qu'il se proposait d'employer pour une prompte organisation de l'armée , qui était dans un déplorable état.

Il fit si bien son compte qu'il fut admis au conseil sans opposition en remplacement de Gérard. Voilà donc définitivement le ministère organisé. Il était facile de se convaincre que les patriotes ne trouveraient pas beaucoup plus d'appui dans ce ministère que dans le précédent; la même influence dominait la majorité de ses membres. Les doctrinaires avaient ajourné autant qu'ils l'avaient pu la loi d'élection, leurs successeurs ne mirent pas plus d'empressement qu'eux à la présenter.

On commença par la loi sur la liste civile : cette loi fut discutée, délibérée et arrêtée dans un conseil de courtisans et autres familiers, qui ne s'occupèrent que des moyens de procurer à la royauté citoyenne le plus d'argent, de domaines , de châteaux et de forêts, qu'ils pouvaient en enlever à la nation. Quand ils eurent fait de tout cela une ample moisson, ils remirent leur projet de loi, rédigé avec les précautions convenables, à M. Laffitte, président du conseil , qui eut la faiblesse de se charger de le faire adopter. Cela ne fut pas difficile; il se borna à en donner une simple lecture, à la suite de laquelle il déclara que la loi lui paraissait tout-à-fait convenable. MM. Sébastiani, Montalivet, Soult et d'Argout, furent du même avis , en opinant seulement du bonnet. Dupont (de l'Eure) au contraire combattit la loi tant par rapport au chiffre, qui s'élevait à 18 millions, et qu'il voulait considérablement réduire, que par rapport à toutes les autres dispositions auxquelles il était, selon lui, indispensable d'apporter d'importantes modifications. Il ne se borna pas à repousser la loi dans le conseil; il fit plus, il se réserva le droit de la rejeter publiquement par son vote à la chambre en qualité de député.

Quant à Mérilhou, il craignait de se prononcer sur une pareille question : Dupont (de l'Eure) venait de lui ouvrir les portes du conseil, il ne voulait pas le désobliger en votant contre lui; d'un autre côté, il ne se souciait pas de l'appuyer, dans la crainte de déplaire à celui qui distribuait et retirait à son gré des portefeuilles. Il ne trouva donc d'autres moyens pour sortir d'embarras que de faire le malade: il se dispensa en conséquence d'assister aux délibérations du conseil ce jour-là, quoique Dupont (de l'Eure) l'eût vivement pressé de s'y rendre. Voilà donc Dupont (de l'Eure) encore une fois seul de son avis dans le conseil. Il avait cependant raison en combattant cette loi, car elle produisit un si mauvait effet quand elle fut portée à la chambre des députés, que la discussion en fut ajournée, et remise à la session suivante.

Dupont (de l'Eure) ne fut pas plus heureux dans les autres délibérations du conseil, que dans celle relative à la liste civile: ce n'était pas l'opinion publique, mais bien la volonté de la cour, que consultaient ses faibles collègues.

La position de Dupont (de l'Eure), de Lafayette et d'Odilon-Barrot, était de plus en plus embarrassante: leurs conseils étaient méconnus; ils prévoyaient les conséquences funestes du système que l'on s'obstinait à suivre malgré eux. Que devaient-ils faire? En restant à leur poste, ils couvraient du manteau de leur popularité les faiblesses et les erreurs ministérielles, et s'exposaient à en partager l'humiliante responsabilité.

S'ils se retiraient, l'orage qui grondait à l'approche du procès des ministres renversait infailliblement le gouvernement naissant: ils se décidèrent donc à rester pour sauver d'un péril imminent des hommes qui s'apprêtaient à répondre à tant de générosité par la plus révoltante ingratitude. Le procès des ministree fut jugé; la formidable émeute de décembre que ce procès fit naître fut contenue, et réprimée sans effusion de sang. Lafayette et Odilon-Barrot déployèrent dans cette terrible crise un sang-froid et en même temps une modération dignes des plus grands éloges, et que leurs successeurs n'ont malheureusement pas imités dans des circonstances bien moins difficiles.

Les dangers une fois passés, Dupont (de l'Eure) exprima de nouveau le désir de quitter le ministère ; mais, ne voulant pas prendre de résolution définitive sans consulter ses amis, il engagea le général Lafayette, George Lafayette, Salverte, Odilon-Barrot et Corcelles, à se rendre à la chancellerie, pour délibérer avec lui sur ce sujet important. Leur réunion eut lieu le 24 décembre.

Tous furent encore une fois d'accord pour lui imposer, au nom du salut public, l'obligation de rester à son poste ; mais ce ne fut qu'avec beaucoup de peine qu'ils obtinrent son consentement : car il était certain d'avance que ce nouveau sacrifice serait complétement inutile.

Pendant que ces messieurs avisaient ainsi au moyen d'assurer le calme et la tranquillité dont la France avait un si grand besoin, que faisaient les doctrinaires et leurs amis à la chambre des députés ? Charles Dupin proposait à la loi sur la garde nationale, alors en discussion, un amendement conçu, à dessein, en termes qui devaient blesser et blessèrent en effet profondément le général Lafayette. D'un autre côté, Boissy-d'Anglas déposait sur le bureau une proposition d'enquête dirigée contre le ministère, c'est-à-dire, contre Dupont (de l'Eure), seul ministre qui portât ombrage aux doctrinaires, à cause de l'estime qu'avaient pour lui les patriotes. C'est ainsi que ce parti sans cœur, le danger une fois passé, reconnut les services éminents que Lafayette, Dupont (de l'Eure) et Odilon-Barrot venaient de lui rendre, en le sauvant des terribles effets de la colère populaire.

Le samedi 25 décembre Lafayette envoya sa démission au roi. Dupont (de l'Eure) suivit son exemple ; et l'ère d'une troisième restauration commença (1).

Depuis cette époque, nous avons été successivement replacés sous la domination des hommes de la restauration ; de ces hommes qui, mêlés avec les hordes étrangères, les appelaient nos libérateurs et nos amis, célébraient leurs triomphes et partageaient la joie insultante de leurs festins.

---

(1) Voici en quels termes Dupont (de l'Eure) donna sa démission en écrivant au roi :

« M. Lafayette se considère comme destitué par la chambre des députés, et de toutes parts on se demandera quelle peut être la cause d'une semblable hostilité dirigée contre l'illustre général, au moment même où il venait de contribuer si puissamment au rétablissement de l'ordre dans la capitale. La tendre amitié, la conformité de sentiments politiques qui m'unisssent à ce grand citoyen, ne me permettent plus de faire partie du ministère, où d'ailleurs l'attaque de M. Boissy-d'Anglas me fait assez pressentir que je fais obstacle aux vues de la majorité qui a renversé le général Lafayette. Je suis entré au conseil, Votre Majesté le sait mieux que personne, à mon corps défendant et en faisant violence à mon goût pour la retraite, déterminé seulement par cette pensée patriotique, que tout homme populaire devait son concours et son appui à votre gouvernement naissant. Depuis lors, la marche incertaine du ministère, la présentation d'une mauvaise loi sur la liste civile (contre laquelle j'ai dû me réserver le droit de voter hautement dans la chambre), l'inconcevable retard apporté à la présentation d'une loi électorale si impatiemment attendue par le pays, m'ont fait souvent éprouver le besoin de me retirer des affaires, et j'en ai bien des fois exprimé la volonté devant tous les membres de votre conseil. Cependant je ne l'ai pas fait, toujours retenu par la crainte de susciter un nouvel embarras au milieu des dangers que pourrait faire naître le procès des ministres. Aujourd'hui, Sire, ces dangers n'existent plus, et je suis libre de déposer un fardeau que je ne me sens plus la force de supporter, convaincu comme je le suis que ma présence au conseil ne serait utile ni au roi ni au pays, et que, par cela même, je ne puis plus consciencieusement en faire partie. Je déclare donc à Votre Majesté que je lui donne ma démission, et que j'attendrai ses ordres pour remettre le ministère à mon successeur.

CHAPITRE V.

—

CONCLUSION.

De tout ce qui précède résulte une affligeante vérité : les patriotes de juillet ont su vaincre, mais n'ont pas su profiter de la victoire. Ils devaient présider aux destins de la France régénérée; d'autres se sont emparés de ce noble rôle. Dans ces grandes circonstances, on a vu surgir après le combat les intrigants, les apostats de tous les régimes, les amis de la dynastie renversée, et les trembleurs (race si nombreuse), décorant leur pusillanimité des beaux noms de sagesse et de modération.

Tous ces parodistes impudents des sentiments patrio· tiques manifestés lors de notre première révolution ont osé déclarer, à la face de la France, qui les juge et les apprécie mieux chaque jour, qu'ils avaient sauvé la patrie. Eux! sauvé la patrie! Mais la patrie serait maintenant la proie de la contre-révolution et de l'étranger si elle n'avait eu pour appui que ces prétendus sauveurs. Ils désiraient une chose, ils en ont voté une autre; leurs vœux appelaient Henri V, ils ont proclamé Louis-Philippe.

Que restera-t-il donc aux patriotes pour vaincre leurs ennemis? Il leur reste le peuple; et c'est assez, pourvu que le peuple ne soit pas trahi.